한글아, 나랑 놀자

• 취학전 연령 아이들을 위한 발도르프 교육방법 한글공부 •

이 경 랑 저

신화MB

목 차

들어가는 글

2022년 3월 새로운 아이들을 만났다.

어색함도 하루 이틀 사람 좋아하고 친화적인 아이들은 반갑게 나에게 다가와 별칭을 정해 별칭으로 이름을 불러 주었다.

오랜 현장 경험으로 익숙함에 길들여져 있던 나는 새롭고 낯선 환경에 호기심을 가지고 적응하였다.

새로운 장소, 새로운 아이들, 새로운 이름.

익숙함에 스며있는 습을 내려 놓고 초심의 마음으로 새로운 시작은 엄청난 도전이요 용기가 필요했다. 하루하루 모든 삶이 감사와 도전이었기 때문이다.

새로 태어난 사고, 감정, 신체변화와 마음챙김에 집중하였다. 그러다 보니 지난 시간 함께 보냈던 아이들이 생각났고 현재 함께 지내는 아이들과 동료교사들이 더 소중하게 느껴졌다.

그리고 나의 온 삶을 발도르프 교육과 함께 하였음을 깨달았다.

나의 교육목표는 건강한 몸, 건강한 마음 그리고 건강하게 사고하기로 그에 따른 이론을 현장에서 실천하며 보냈던 지난 세월이 거의 25년이 되어간다.

99년 우리나라에서 처음 발도르프 기관설립할 때, 독일에서 배운대로 답습하기에 급급했으며 부족한 것들은 국내 교육을 통해 오랜 시간 발도르프 교육 배움에 집중했다. 이젠 경력이 쌓이다 보니 그동안 배우고 경험한 것들이 내면화되어 그것들을 정리하여 현장적용에 도움이 될 수 있기를 희망하며 여기에 기록으로 남기고자 한다.

2023년 현재 영·유아교육에 당면하고 있는 두 가지가 있다.

하나는 유보통합이고 나머지 하나는 챗GPT와 관련된 이야기이다.

유보통합은 '시장성과 공공성을 수요자 요구에 따라 국가에서 책임지고 국민이 안심하는 책임교육이 됨을 목표'라고 발표하였다. (23년 1월 30일 교육부 장관 발표 www.korea.kr news)

챗GPT(Chat Generative Pre-trainde Transformer)는 인

공지능의 능력을 더 향상시켜 질문하면 대답 해주는 AI로 높은 완성도를 가지고 있다. (2022년 11월 30일 베타버전 출시)

오늘날 기술과 그에 적응하는 교육을 필요로 함과 동시에 인간다운 교육도 필요로 한다.

이와 함께 나의 교육원칙은 다음과 같다.

교육원칙
- 관찰 통한 유아 발달에 맞는 적기성,
- 한글교육 필요성,
- 발도르프 교육 방법론이며

교육 방향성은
- 움직임을 동반한 균형 잡힌 신체발달
- 언어를 통한 표현력
- 스스로 생각할 수 있는 사고력

취학전 한글을 만나야 하는 조건으로 사람을 사람다움에 어울리도록 조화로움과 유연성이 포함된다.

유아들과 관계맺기를 하며 발달에 대해 관찰하고 발도르프 교육에서 말하는 리듬생활을 기본으로
- 매일 나들이를 나가고
- 계절에 맞는 텃밭을 가꾸며

- 우리나라 풍습인 품앗이 얼을 담아
- 교사, 부모, 아이와 마을 공동체가 함께 하는 부모교사공동체 협동조합이라는 곳인 '콩세알협동조합' 이 있다.

콩세알 협동조합은
- 교육정책이나 인공지능 발전과 무관하게
- 사람 중심으로 사람을 사람답게 아이는 아이답게
- 건강한 튼튼함과
- 따뜻한 정서적 연대감
- 올바른 사고력 형성을 돕는다.

따뜻하고 온전한 인간다운 환경을 가진 지역 교육공동체터전이다.

이러한 터전에 함께 할 수 있는 기회는 행운이다.

사람이 사람답게가 어떠한지 인간 온기를 일깨워준 김남숙 선생님, 이현희 선생님, 유은선 선생님, 허선희 선생님 그리고 한세희 선생님께 감사함을 전한다.

약 25년 넘게 현장에서의 희노애락과 20여 년 전에 졸업한 아이들, 현재 나와 만나는 아이들, 그 모든 것들은 내 가족들의 응원과 나의 손주들과 더불어 더욱 빛이 나고, 손주들을 통해 소중한 아이들과의 만남을 더 이해하게 되었고 귀한 자녀들을 맡겨주신 학부모님들에게도 진

심의 감사를 드린다.

출판을 허락해 주신 도서출판 신화전산기획에게도 항상 감사드리며, 한글을 새롭게 시작함에 있어 필요한 분들에게 용기와 애정, 격려를 보내며 도움이 되길 바란다.

2023년 11월 이 경 랑

I
교사협동이란?

01 설립

광명 하안동 구름산어귀의 작은 골목에 '콩세알협동조합' 이라고 적혀있는 3층짜리 건물이 눈에 들어온다.

2011년 건강한 공동체 안에서 아이와 함께 교사와 부모도 성장할 수 있는 살아있는 교육공동체를 만들어보자며 〈교사협동〉이라는 새로운 형태의 '우리숲 어린이집'을 설립했다.

초창기 우리숲은 광명 도심에서 멀리 떨어진 외곽의 마당 너른 교회선물이었던 곳을 임대해 운영되다가 통학 차량 없이 운영이 가능한 구름산쪽으로 이사를 했다. 그러다 우여곡절 끝에 현재의 자리에 영구터전을 지을 수 있게 되었다. 우리숲은 어린이집뿐만 아니라 작게는 금당마을, 좀 더 크게는 자연과 마을속에서 아이들을 함께 키우고 있다고 생각하고 어린이집 사업뿐만 아니라 각종 마을사업을 통해 지역의 교육공동체로서의 역할을 해나가려고 한다.

우리숲 어린이집에서는 인간에 대한 깊은 이해를 바탕으로 한 발도르프교육과 절기에 따라 한해 리듬을 만들어 가는 생태교육을 실천하고자 한다.

콩세알협동조합은 부모와 교사, 조합원들의 역량과 취미를 살려 꿈의 터전으로 성장할 수 있도록 수공예제품을 판매하기도 하고 공간을 활용한 부모교육 및 교사교육 등 다양한 교육사업을 매년 새롭게 진행하고 있다. 이를 통해 마을공동체를 활성화시키고 지역의 건강하고 다양한 문화 · 예술 · 교육이 확장되고 발전할 수 있도록 조합원간 상호협력하며 함께 성장하고 있다.

(1) 교사공동체

공동체의 목적을 알고 아이들을 사랑하며 학부모들과의 연대와 교사공동체 활동을 즐겁게 하고자 하는 사람들로 구성되었다.

(2) 반 구성

영아반은 콩알(3세), 씨앗(4세)반으로 구성되어있으며, 유아반은 새싹(5세), 나무(6세), 열매(7세)들이 통합반으로 운영되고 있다.

콩알처럼 작은 씨앗이 새싹을 틔우고, 키 큰 나무로 자라서 각자의 맛과 색이 꽉찬 열매를 맺으며 울창한 숲을 이루고 있는 우리숲과 우리숲을 졸업 후 참여하는 방과후 활동으로 '마법숲'이 있다.

02 활동

1 아이들 놀이터

(1) 오전 실내 자유놀이

아이에게 놀이터가 되어주는 우리숲 일상. 들어오는 입구가 거실 중앙에 위치해 있어 아이들은 우리숲에 들어서면서부터 모든 교실의 영·유아들을 접하며 만날 수 있고 아이들은 등원 후 자유롭게 놀이를 시작한다. 교실 한 켠에는 교사와 부모가 직접 만든 인형, 다양한 모양의 나무블럭, 각종 씨앗, 돌멩이 등의 소꿉놀이감과 달팽이끈, 따뜻한 면천과 부드러운 실크천 그리고 나무사다리가 있어 연령에 맞는 놀이들 혼사서 또는 여럿이 함께하며 오전 자유놀이 시간을 보낸다.

오전 자유놀이 시간을 한 시간 정도 마치고 나면 노래를 부르며 놀잇감들을 제자리에 정리하는 시간을 갖은 후 화장실을 다녀오고 손을 씻는다.

(2) 아침 맞이하기

오전 실내놀이가 끝나면 아이들은 둥그렇게 둘러앉아 조용히 초를 켜고 계절 노래와 손 유희, 라이겐을 하며 아침 열기 시간을 갖는다.

(3) 나들이

아침 열기를 마치고 나면 아이들과 나들이 갈 준비를 한다. 모자를 쓰고 물병을 챙겨 구름산으로 나간다. 비가 오나 눈이 오나 항상 나들이를 가지만 날씨에 따라 그때그때 결정해야 하는 상황이 생기면 유연성 있게 활동한다.

요일을 정하여 구름산을 누비고 다닌다.

밧줄 잡고 경사로 오르기, 흔들거리는 다리 건너기, 높낮이가 다른 통나무 징검다리 건너기, 외나무다리 타기 등을 하고 흙놀이, 자연물 소꿉놀이 등을 통하여 자연스럽게 신체의 움직임을 즐기고 자연 친화적 감수성을 발달시킨다.

(4) 이야기

나들이에서 돌아오면 화장실을 갔다 손을 씻고 선생님의 이야기를 듣는다.

계절과 아이들 발달에 맞는 이야기를 반복하여 들려주어 아이들 내면에서 온전히 자기 것으로 받아들여지게 한다.

(5) 점심 및 낮잠 자기

유기농 식자재로 정성 들여 만든 음식을 엄마가 직접 수놓은 매트 위에 스텐식판 대신 따뜻한 사기 그릇에 담아 아이들에게 제공한다.

낮잠은 잠이 꼭 필요한 3, 4, 5세 아이들은 낮잠방에서 6, 7세는 뒹굴방에서 쉬는 시간을 갖는다.

완전한 어둠 대신 약하게 빛이 투과하는 낮잠방에서 아이들은 엄마가 만들어 준 잠잠이 인형을 안고서 교사들이 불러주는 자장가와 오일발 마사지를 받으며 편안하게 잠이 든다. 뒹굴방에서는 은은한 차임벨과 라이어 연주를 듣고 아이들 발달에 도움이 되는 동작들을 함께 하며 몸과 마음을 이완시킨다.

(6) 오후 자유활동

오전 시간과 달리 오후가 되면 유아들의 목소리는 높아지고 신체도 활발해진다.

요일별 특성에 맞게 오후 활동이 다양하게 진행되며 유아들은 자유의지를 가지고 활동에 함께 할 수 있다.

학령전 유아들은 성취감을 가질 수 있는 시간이 되기도 하고 더 세분화된 놀이와 활동이 진행 되어지기도 한다.

2 부모들의 나눔터

우리숲은 나눔터이다.

부모들은 우리숲에서 아이들을 키우면서 생기는 어려움을 토론하고 그에 대한 지혜를 나누며 공유한다.

외동이 대부분인 가정에서 입다 작아진 아이들의 옷과 신발을 나누기도 하고 마실로 아이들을 돌아가며 돌보기도 한다.

단오제, 김장잔치, 동지제 등 자연의 흐름을 알고 자연과 더불어 살아가는 절기 살이를 통해 아이들과 한 해 리듬을 만들어 간다. 부모들은 그러한 크고 작은 행사들을 직접 준비해가며 함께 자기 시간과 마음을 나눈다.

그러한 일상의 나눔 속에서 아이들은 함께 자란다.

3 교사들에겐 꿈터

어린이집은 교사들에게 단순한 일터 이상이다.

그곳에서 교사들은 자신의 꿈을 꾸고 이뤄간다.

꿈꾸기를 멈춘 인간은 더 이상 성장하지 않는다.

교사들은 완벽하지 않지만 온전해지기 위해 끊임없이 꿈을 꾸고 노력한다.

4 우리 모두의 자람터

아이들은 사계절을 구름산과 우리숲에서 건강한 리듬생활을 하며 무럭무럭 자라난다.

부모들도 우리숲의 부모교육을 통해 아이와 함께 자란다.

우리숲에 입학하면 엄마들은 아이들이 우리숲에서 사용할 식사 매트, 잠잠이 인형 그리고 아이들의 물건을 담는 바구니를 만드는 일부터 시작한다. 생일수수팥떡을 만드는 것도 선배맘들에게 배워 매년 아이의 생일이면 엄마, 아빠가 직접 빚은 수수팥떡을 차린다. 부모도 처음이라 아이 발달론부터 12감각, 공동육아에 이르기까지 다양한 부모교육을 통해 하나씩 배워가며 성장한다.

교사들도 아이들에게 있어 최고의 환경은 교사임을 알고 매 순간 자기교육과 전문가로서 필요한 교육을 배우며 성장한다.

이에 우리숲은 자연과 함께 하는 생태적 교육환경, 구름산과 가까운 산 놀이터의 숲유치원 교육환경, 인간 본질에 대해 알아가는 끊임없는 자기교육 그리고 우리나라 정서에 맞는 우리 조상의 얼과 지혜를 배우고 실천하는 우리의 맛을 아는 맛깔나는 우리의 것과 함께 하는 교육환경을 가지고 있다.

우리숲에서 몸과 마음 그리고 올바른 생각이 쑥쑥 자라 마법숲까지 연결되어 모두 건강한 생활을 하는 우리 모두의 자람터이다.

Ⅱ

한글아, 어디에서 왔니?

01 0-7세 기본 발달원리

1 아이들 발달

아이들의 각 연령별 발달 특성은 다음과 같다.

- 0 - 1세 서기
- 1 - 2세 말하기
- 2 - 3세 생각하기
- 3 - 5세 환타지의 전성기
- 5 - 7세 논리적 사고의 기초기 되는 시기

2 모방, 반복과 리듬, 움직임

- 몸이 바로 서고 걷기는 모방을 통해서다.
- 아이 주변 사람들이 서서 걸어 다니고 있기 때문이다.
- 언어 역시 아이 주변환경에 의해 발달한다.
- 언어는 환경 모방을 통해 발달한다.
- 생기있는 움직임은 반복 리듬생활에 의해서 가능하다.

02 한글

1 한글 출발

한글은 조선 4대 임금 세종이 1443년에 만들었다.

한글은 한국 고유의 문자체계로 음소문자이면서 음절문자의 성격을 동시에 갖는다.

1962년 12월 20일 국보 제70호로 지정되었고 1997년 10월 유네스코 세계기록유산으로 등록되었다.

훈민정음(訓民正音)이란 '백성을 위한 바른 소리' 라는 뜻으로 글자는 총 28자로 현재는 4글자가 소멸하여 24자가 한글로 쓰이고 있다.

2 한글에 담겨진 의미

(1) 자음

자음은 오행에 근거하여 목, 화, 토, 금, 수이며, 기본자는 ㄱ,

ㄴ, ㅁ, ㅅ, ㅇ으로 획을 1 또는 2가 더해지는 것에 따른 것이다.

(2) 모음

모음은 하늘, 땅, 살아있는 생명이다.

ㆍ 아래아는 천수 5 흙(土)을 낳는 자리로 하늘이며,
ㅡ 는 지수 10 흙을 성숙시키는 자리로 땅이 되고,
ㅣ 는 자릿수는 없지만 살아있는 생명이다.
세가지가 합하여 초출이나 재출이 생겨난다.
초출은 ㅗ, ㅏ, ㅜ, ㅓ이다.
재출은 초출에서 두 번째로 생긴 것이 ㅛ, ㅑ, ㅠ, ㅕ이다.

- ㅗ 는 하늘에서 먼저 생겨나 물(水)을 낳는 자리이고,
- ㅏ 는 그 다음으로 나무(木)를 낳는 자리가 되고,
- ㅜ 는 땅에서 처음 생겨 불(火)을 낳는 자리이며,
- ㅓ 는 그 다음으로 쇠(金)를 낳는 자리이다.

이것이 초출의 의미이다.
재출은 의미만 알고 학습하지 않았다.

모음은 마음에서 느낌을 알려준다.
구체적으로 보여짐 보다는 기운 즉, 에너지에 대해 언급한다.

3 자음 노래

한글 의미에 맞는 자음 노래를 아이들과 흥얼거린다.

자음 동시

구부려 구부려 기역/기윽
크구나 크구나 키읔
높아서 높아서 니은
닿아서 닿아서 디읃
터뜨려 터뜨려 티읕
랄릴리 랄랄라 리을
모이고 모이고 미음
밖으로 밖으로 비읍
펴져서 펴져서 피읖
솟아서 솟아서 시옷
저물어 저물어 지읒
차올라 차올라 치읓
영원히 영원히 이응
환하다 환하다 히읗
내손에 닿소리 다 있네
내안에 닿소리 다 있네

위재호 저

4 자연환경에서 자음 찾기

자음 동시에 담겨 있는 의미를 자연에서 찾아보기

(1) 자음

한글 씨앗이 바람을 타고 날아가요.
씨앗이 땅속으로 쏙 ~
햇님과 빗님이 찾아 오자
싹이 났어요.
꼭지 이응 'ㆁ'
돋아난 싹이
기웃 기웃 기우려 기역

자음은 주변사물을 통하여 눈으로 볼 수 있다.
아이들이 다니는 주변에서 발견할 수 있다.
실외 놀이활동하며 자연에 숨겨져 있는 자음 찾을 수 있다.

① 꼭지 이응 'ㆁ'

씨앗이 땅속에서 잠을 자요 잠을 자요
웅크리고 잠을 자요
활짝 기지개를 켜며 싹이 올라와요 'ㆁ' 꼭지 이응

꼭지 이응

꼭지 이응

② ㄱ ㅋ : 구부러짐, 곡선, 꺾음

기웃 기웃 기우려서 'ㄱ' 기역

- ㅋ : 크게 자라다.

크게 크게 자라서 'ㅋ' 키역

기울여 기울여 'ㄱ'

커져서, 크구나 'ㅋ' 콩

③ ㄴㄷㅌㄹ : 활동이 가장 많은 양(陽 - 밝다 양지), 여름이다.

높아서 'ㄴ' 나비

닿아서 'ㄷ' 대나무
터트려 'ㅌ' 틈새
룰루랄라 'ㄹ'

④ ㅁㅂㅍ : 합하고 모으고 이룸, 뭉침. 입술발음, 늦여름

- 모으고 종합하여 뭉쳐있는 의미를 가진 단어 문, 마당, 모내기, 모닥불에서 ㅁ 찾기
- 붙고 떨어지고 쌓고 부풀이 오르다는 의미를 가진 단어 불, 배에서 ㅂ 찾기
- 펼쳐지다, 펴지다의 의미를 가진 단어 풀피리, 팽이, 폭포에서 ㅍ 찾기

모아서 'ㅁ' 문, 마당

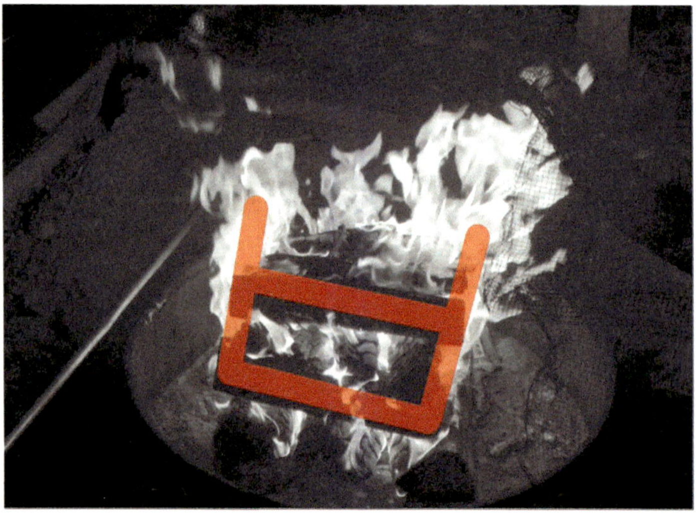

밖으로 'ㅂ' 불, 모닥불

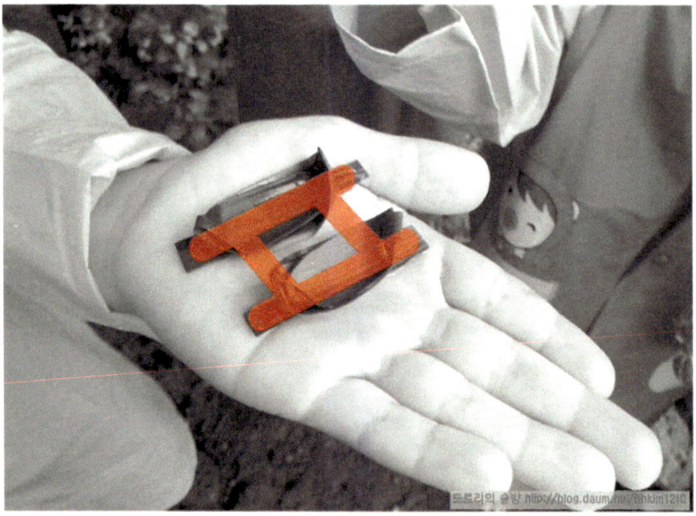

퍼지는 'ㅍ' 피리, 풀피리

⑤ ㅅㅈㅊ : 쇠가 강하고 세고 단단하다, 가을

- 솟아 있는 단단함과 변화 가능한 의미를 가진 단어는 산, 사슴, 손, 산토끼에서 ㅅ 찾기
- 막히고 저장하고 자리잡는 의미를 가진 단어는 장독, 작은 집, 징검다리, 지붕에서 ㅈ 찾기
- 뚫고 쳐오르는 의미를 가진 단어 창가, 초, 초가집, 초롱박에서 ㅊ 찾기

솟아서 솟아서 'ㅅ' 산

저물어 저물어 'ㅈ' 지붕

차올라 'ㅊ' 초, 촛불

⑥ ㅇ, ㅎ : 생명의 근원, 영원, 순환, 무의식.

- 목구멍 깊은 곳에 있고 젖어 있어 물에 해당 겨울
- 영원함을 상징하는 단어로 옹달샘, 우물, 열매, 울타리에서 ㅇ 찾기
- 근원의 출현 상징의 단어로 호롱불, 해, 하늘에서 ㅎ 찾기

영원히 'ㅇ' 우물

환하다 'ㅎ' 호롱불

(2) 모음

모음은 감성을 담은 언어이다.

온 마음으로 느낄 수 있는 기운을 가져야 한다.

- ㆍ 아래아는 하늘이 첫 번째로 열림으로 곧 하늘이다.
- ㅡ 는 흙을 성숙시키는 자리로 땅이다.
- ㅣ 는 살아있는 생명이다.

온 우주에 아무것도 없을 때 하늘이 열렸고 그것을 ㆍ 아래아라고 한다.

· 아래아를 내 품 안에 안는다.

하늘의 기운에서 분리되어 땅이 된다.

그것을 단단한 땅이라 한다.

- · ㅡ ㅣ들이 서로서로 만나 모음이 생겨났다.
- ㅗ는 · 하늘과 ㅡ 땅이 어울려 위로 오르면서 생겨났다.
- ㅏ는 ㅣ생명에 · 하늘이 어울려 생겼다.
- ㅜ는 ㅡ 땅과 ㅣ생명이 어울려 생겼다. 아래로 이끌다. 숨다, 숙이다.
- ㅓ는 ㅡ 땅이 ㅣ생명과 어울려 안에 머물다, 넉넉하다.

III

한글아, 할 이야기가 있어

2017년 취학 전 연령 유아들에게 한글의 필요성을 깨닫고 고민을 시작하였다.

3월 입학하는 우리나라 입학제도를 고려하여 취학전 연령 유아들을 관찰 및 분석과 전문가들의 조언을 취합해 보니 취학전 연령에게 한글 교육은 적합것이라 판단되어 취학전 연령을 대상으로 한글 교육을 하고 싶은 마음이 간절했다.

유아들 특성에 맞게 발도르프 교육 방법을 활용하고 학령기 특성에 적합한 한글교육이 되도록 시도하였다.

취학 전 연령 한글교육은 유아발달에 필요하다.

한글교육 실행전 미리 챙겨야 할 것들은 다음과 같은 것들이다.

첫째, 이론적 배경에 대한 앎이 있었야 한다.

둘째, 교육행위를 할 때 아이들과 소통하며 진행한다.

셋째, 교사와 아이들 모두가 행복해야 한다.

영유아들은 몸 움직임으로 주변환경을 탐색하고 구체적인 사물들과의 경험감성은 취학 전 연령 사고발달에 영향을 준다.

지나친 몸 움직임, 과한 감성, 조기 인지 교육으로 자유로운 사고형성에 영유아 발달에 방해가 되지 않도록 관찰한다.

유아들이 세상을 바라볼 때 다양한 세상, 자신이 무엇을 느끼는지

앎과 자유로운 사고를 가질 수 있는 새로운 습관을 터득할 수 있도록 돕는다.

습관적인 생각과 감정 그리고 신체적인 느낌 등 감각적인 자각기능이 생각과 마음에 자연스럽게 스며들어 균형 있는 몸 자세를 만들어 육체적 균형과 마음 균형을 만들어 갈 수 있도록 바르게 앉아 있는 자세를 장려하고 고요한 마음에 집중할 수 있도록 시도한다.

습관적인 생각과 감정, 그리고 신체적인 느낌에 대해 관찰하고 새로운 방법에 대한 반응을 살펴야 한다.

몸의 균형을 말과 기수에 비유한다면 말은 '자아' 와 '몸' 이라고 한다면 잠재되어 있는 자아가 훗날 날뛰는 말을 차분하게 만들 수도 있겠지만 우선 침착한 말이 되어 어디로 향해 가야 할지 모르는 기수를 차분하게 만들어 줄 수 있다.

말을 길들이기 위한 바른 습관은 기수를 길들이기 위한 신체적 토대가 되는 것이다.

몸 움직임은 이 갈이를 통해 완성되어가고 한글 수업을 통하여 균형 있는 마음 사고가 성장할 수 있도록 돕고자 한다.

책에 적혀있거나 인공지능도 알고 있는 정보나 지식을 전달하기보다 스스로 생각하는 힘을 길러주기 위한 길잡이로 한글 교육을 시작하였다.

취학 전 연령 아이들과 '어떻게 수업할지'에 대한 고민들을 한글 수업을 통해 얻은 경험과 자료들을 정리하며 여기에 담아보았다.

01 관찰

아이들이 가지고 있는 고유성과 환경에 의해 형성된 성격을 관찰하고 몸, 마음 그리고 사고하기 중 어느 부분에만 치중되어 발달 되었는지를 관찰하여 조화로운 몸과 마음 그리고 사고하기로 발달 가능하게 도울 수 있는지를 찾는다.

판단없이 아이들을 관찰하고자 한다.

1 몸

- 신체적 조건은 또래 아이들과 견주어 눈으로 확인되며, 실내놀이 및 수작업과 실외에서의 몸놀림으로 대근육과 소근육의 움직임을 통해 연령별에 맞춰 활동 하는 것을 알 수 있다.
- 아이들과 놀면서 아이의 움직임이 두뇌와 연결되어 활발하게 움직이고 있다는 것을 알 수 있다.
- 놀이를 통해 세분화된 움직임에 대해 알 수 있다.

2 마음

- 마음이 몸과 연결되어 있는 충동, 본능, 본성을 안다.
- 자신의 마음 소리인 기쁨, 슬픔, 두려움, 분노 등을 언어로 표현하는 지를 살피며, 마음 공감력에 대해 살피고 아이들의 섬세함이나 예민함이 마음에서인지 언어로서 인지하고 관찰한다.
- 아이들의 마음 챙김은 기본사항으로서 마음에서 스스로 선택하여 시작한 활동에 열중하며 만족하는지, 시작한 활동을 마무리하며 자율적 책임감이 있는지 동시, 동화, 동극, 미술, 음악 등의 예술적인 활동을 즐기며 자연에서의 아름다움과 음률 놀이감 등 다른 것들을 통하여 자신의 느낌이나 생각을 독창적으로 표현 가능한지를 살펴본다.

3 사고하기

영유아의 발달엔 몸의 움직임과 감성의 발달 그리고 사고의 발달이 순차적으로 분명해진다고 보았다.

건강한 영유아 발달은 움직임을 통한 신체 발달이며, 움직임과 동반된 영혼적 발달이며, 이러한 것들의 경험을 통하여 인지, 사고, 언어, 정서, 사회성, 도덕성 발달을 이끈다고 보고 있다.

- 친구들과의 상호 교류
- 성인들과의 교류 놀이를 통한 유목화 과정
- 사물의 시각적 인지
- 청각을 통한 소리분별
- 자극에 대한 기억력
- 정확한 언어와 의사표명 등이 이루어진다.

새로운 일에 호기심을 가지며, 한 가지 문제에 대해 다양하게 사고하는 지적 호기심과 창의적 문제해결 능력은 어느 정도이며 논리적, 과학적 사고의 기초능력을 기반으로 외부로 받은 정보를 어떻게 인식하고 인지하며 표현하는지에 대해 관찰이 필요하다.

취학전 연령이 되면 아이들은 자기만의 개성이 뚜렷해지고 본인 취향의 성격이 확연하게 보여진다. 아이의 성격을 고치겠다는 생각보다 그런 아이를 이해하고 함께 행복하기에 노력해야 한다.

취학전 연령이 되기 전에 사람다운 교육이 이루어졌다면 아이의 개성과 성격을 존중하며, 객관적이고 타당한 판단력이 길러질 수 있도록 사고하기에 집중하여야 한다.

아이가 순발력 있고 뛰어난 움직임과 예민하고 섬세한 감성을 표현할 수 있다면 인간미가 풍기는 사고가 가능하도록 기초적 사고력을 한글교육으로 완성된다면 취학전 연령의 한글 교육을 조기 인지교육이라 할 수 없을 것이다.

아이들은 첫 배움을 통해 인지하게 되면 그것을 기반으로 신념이 생긴다.

그러므로 올바른 사고하기도 배워져야 함이 필요하다.

- 건강한 신체가 만들어졌고
- 건강한 마음이 익어가고 있으며,
- 자기 자신을 만날 수 있도록
- 자신의 생각에 대한 확신을 줄 수 있으며,
- 아이가 아이다움을 유지하고 취학 전 배움의 스타트를 할 수 있도록 인지적 환경을 제공한다.

02 집중

- 이해력과 단계적 사고 및 논리적 사고
- 외부에서 요구하는 것에 상응하는 소통이 가능한지
- 몸을 바르게 서고 앉기가 가능한지 갈등에 대해 토론하고 합의가 가능한지
- 이 갈이 시기가 어느 정도 진행되었는지
- 감각에서 감성으로 그리고 사고로의 발달단계 중 어디 있는지 파악하기

아이들 움직임을 동반한 직접적인 활동과 놀이를 관찰하며 한글교육 맞이 할 준비가 되었음을 안다.

교사는 한글교육을 하겠다는 의지를 가지고 기관 리듬생활에 한활동으로 실행한다.

내가 알고 있는 것을 아이들에게 관철시키려고 너무 많이 애쓰지 않았다.

아이들과 상호작용하며 생겨나는 호기심을 자극하여 대화로 이끌며 아이들과 친숙한 관계맺기로 시작하였다.

나의 '앎'을 전달하기 보다 궁금한 것을 어떻게 알아가는지 과정을 함께 하여

완벽한 이론을 전달하기 보다 아이 개인 성향이나 환경을 이해하려고 하였다.

우리는 즐거웠다.

한글교육을 추구하는 방향은 분명하지만 수업할 때 한가지 방법만 고집하지 않았다.

다음과 같은 것을 챙긴다.

첫째, 즐겁고 행복하게

둘째, 진지하게

셋째, 보편타당하고 일반적인 사고하기가 가능하도록 이끈다.

03 만남

2학기가 시작되었다.

육체적 성장에 마침표 신호인 '이 갈이' 시기가 오면 한글 공부를 시작한다.

한글에는 자음과 모음이 있어 교사가 어떤 것을 먼저 시작할 것인지를 결정한다. 22년 23년에는 모음부터 실행하였다.

이 시기 한글에 대한 접촉이 전혀 없던 아이들은 한글에 대한 호기심이 아주 강하다.

한글을 배워야 하는 적기에 도달하는 아이는 한글 습득력이 뛰어나 집중력과 빠른 이해력으로 주변에서 한글 모양 찾기, 한글 찾아 읽기 등 한글 학습 돌풍이 생겨나 쉽고 빠르게 한글을 익힌다.

나들이 시간에도 자연에서 숨겨진 한글 찾기 놀이를 한다.

자음이나 모음을 라이겐(율동)으로 소개한다.

라이겐에는 음률, 동시, 동요, 손유희등 다양한 방법이 있다.

한글을 처음 접하는 아이는 스폰지처럼 흡수하여 받아들인다.

1 리듬활동

날숨과 들숨이 존재하는 리듬 있는 반복성

- 하루 리듬 생활 : 실내 자유놀이, 나들이, 동화, 점심, 주제별활동
- 일주일 리듬생활 : 습식수채화, 절기요리활동, 예술작업, 긴 산책

2 균형활동

- 신체활동의 조화(감각활동)
- 영혼활동의 조화(감성활동)
- 사고활동의 조화(사고활동)

한 활동에 지나치게 쏠림 현상이 있는지를 관찰하여 조화롭게 발달할 수 있도록 돕는다.

감각에서 감성으로 그리고 사고로의 자연스런 발달이 생겨나도록 도와주면서 현장에서 만나는 유아들의 발달은 유아마다 다를 수 있다는 점을 고려한다.

Ⅳ

한글아, 나랑 놀자

01 시작할 때

1 수업하기

- 아이들과 모여 자음노래를 손동작과 함께 부른다.
- 시작하는 동시를 함께 한다.
- 들숨과 날숨의 순서로 만든다.

2 반복하기

- 손동작을 함께 부른다. 자유롭게 언제든지 가능하다.
- 동그랗게 서서 싯구를 말하면서 움직인다.
- 자음 라이겐을 교사가 하면 아이들이 따라한다.

3 단어 하나씩 만나기

- 라이겐에서 기억부분을 상기시키고 그림으로 그린다.
- 기우려 있는 단어와 맞는 그림을 찾는다.
- 단어를 이미지화 할 수 있는 대화를 한다.
- 땅에서 올라와 구부리는 것들은 무엇이 있을까?

4 아이들과 추억이 있는 단어 찾기

- 고구마, 가지, 고추… 강아지, 거미 등등을 아이들이 찾아낸다.
- 단어에 의성어나 의태어를 붙여 생동감 있는 단어로 만들어 본다.
- 생동감 있는 단어와 함께 동작을 만들어 본다.
- 이야기를 만들어 본다.
- 각각 단어의 그림이나 전체 그림을 그려본다.
- 그림들 이름을 글자로 써 본다.

아이들과 수업하는 방법은 매년 다채롭고 흥미롭다.

22한글 수업과 23년 한글 수업은 달랐다.

목표는 같아도 방법은 다를 수 있다.

교사의 방식에 따라 다르게 실행될 수 있기 때문이다.

02 이론 정리

1 방법

- 손과 발 그리고 온 몸으로 자음을 표현하고 걸어보고 그려본다.
- ㄱ 움직임을 해보기(바닥에 글자 표시 후 그 위를 걸어보기)
- 말놀이와 몸놀이 하기
- 내몸에서 찾아보기
- 내몸으로 익히기
- 손가락으로 써보기
- 이야기로 만나기
- 소리 들어보기
- 주변과 자연에서 찾아보기
- 단어 찾아보기, 써보기, 이야기 만들어보기

2 활동

(1) 리듬 있는 한글 동시를 소리 내어 말하며 손 움직임을 하면 준비한다.

- 시도 때도 없이 부른다. (적어도 하루에 한번)

(2) 한글 동시 반복한다.

- 일상 리듬생활에서 한정된 시간을 정하여 한글 공부한다.
- 일정한 시간에 처음엔 짧게(10 - 30분) 시작한다.

(3) 한글 동시 반복한다.

- 한글 이야기를 들려준다.

(4) 한글 동시 반복한다.

- 한글 이야기 반복하여 들려준다.

(5) 한글 동시 반복한다.

- 한글 이야기 반복한다.
- 한글 라이겐 반복한다.
- 활동 한 것들을 반복 한 후 새로운 활동이 오도록 한다.

(6) 반복한다.

- 몸으로 손으로(예술적인 것 포함) 그리고 쓰기 순서로 진행 되어지며, 아이들의 이해력이 향상되었다면 반복할 때 처음 시작했던 것들은 생략해도 된다.

한글이야기

옛날옛날 조선이라는 나라에 '이도' 라는 왕자님이 살았습니다.

'이도'라는 왕자님은 가보지 않고 보지 않고 듣지 않고도 세상에 일어나는 모든 일들을 책을 통해 알게 되어 기뻐하며 책 읽기를 아주 즐겼습니다.

왕자님이 22살이 되었을 때 아버지에게 왕위를 물려받아 조선의 4대왕 세종대왕이 되었습니다.

백성을 사랑하는 마음으로 백성에게 도움이 되는 일들이 무엇인지를 생각하게 되었고 농사 지을 때를 위해 물시계, 측우기 등 과학발명품을 만들어고 백성들을 이롭게 하였습니다.

백성들이 글을 몰라 억울한 일을 경험하는 것을 알고 백성들도 쉽게 배울 수 있도록 해와 달, 별을 잘 살펴 자연의 소리를 담고 소리 나는 대로 적을 수 있는 '한글'이라는 바른 소리 '훈민정음' 을 만드셨습니다.

3 자음 실제

자음 라이게 소개

한글씨앗이 바람을 타고 여행을 가요
한글씨앗이 땅에 떨어졌어요
웅크리고 잠을 자요
비님과 햇님이 찾아왔어요
싹이 났어요. 꼭지 이응
싹이 기웃 기웃 기울려져요 기역
싹이 쑥쑥 자라 키가 커졌어요 키읔
나풀나풀 나비가 날아와요 니은
나비가 대나무 끝에 앉았네요 디읃
대나무 틈새에서 잠을 자요 티읕
룰루랄라 룰루랄라 노래부르며 내려와요 리을
마당가득 모두 모여 미음
활활 타오르는 불 비읍
피리 소리 들으며 피읖
산으로 올라가요 시옷
집으로 돌아가니 지붕위에 주머니가 주렁주렁 지읒
집안으로 들어가니 캄캄하여 초를 켜요 치읓
목이 말라 우물에 가서 물을 마셔요 이응

호롱불로 나를 밝혀 주는 흉내 도깨비 따라
호롱불 따라 집으로 돌아가요 히흫

▸ 자음 라이겐을 움직임을 동반한 활동 후 하나씩 살펴 본다.

한글 씨앗이 바람을 타고 여행을 가요
씨앗이 땅에 떨어져 땅속으로 쏘옥 들어가 잠을 자요
잠을 자요 잠을 자요 웅크리고 잠을 자요
햇님과 비님이 찾아오면 씨앗에서 싹이 나요 응, 꼭지 이응
기읏 기읏 기우려 그 그 그, 기역
기역이 자라서 크 크 크, 크읔

(1) 꼭지 이응, 기역, 키읔 관련 몸으로 표현한다.

꼭지 이응

* 이미지화 한 것임

기울여 기역

몸 놀이

(2) 꼭지 이응, 기역, 키읔 관련 그림을 그린다.

- 준비물 : 크래용, 종이
- 그림을 그린 후 그림 위에 꼭지 이응, 기역, 키읔을 표시한다.

(2-1) 주변에서 기역을 찾아본다.

- 실외 자유놀이 시간에 자연에서 기역을 찾아본다.

(2-2) 그림을 다시 그린다. 그림 위에 기역을 표시한다.

- 기역만 종이에 그린다.

(2-3) 아이들과 기역으로 시작하는 단어 말하기를 한다.

- 가방, 가지, 고구마, 감자, 고양이, 강아지, 거미, 귤, 고사리, 가위

(2-4) 아이들이 찾은 단어 관련 짓다.

- 움직임이나 몸으로 표현해 본다.
- 그림을 그리고 그림 위에 글자를 표시해 본다.
- 이야기도 만들어 본다.

(2-5) 반복활동 한다.

- 기억력을 강화한다.
- 단어를 말하면 연상되는 것들에 대해 이야기를 나눈다.
- 단어를 몸으로 표현해 보고, 소리 만들어 보며, 이야기로 만들어 본다.
- 내가 말한 단어를 완전하게 흡수한 후 친구들 단어도 기억한다.
- 단어들을 듣고 몸과 놀이를 통해 활동하여 쉽게 기억하였으며, 단어들 의미와 이해력도 높았다.

위와 같은 방법으로 아이들과 한글 수업을 하게 되니 단어를 쉽게 이해하였고 장기 기억에 저장되어 언제든지 꺼내 사용할 수 있었다.

기역에서 히읗까시 같은 방법으로 반복 활동하였다.

기역 단어를 배워 나갈 때 발음 해보고 비슷한 글자들을 떠올리며, 단어와 아이의 환경과 경험에 따라 쉽게 유연하게 이미지화하여 기억할 수 있도록 하였다.

첫 기역을 접할 때 처음에는 어려워 하지만 수업이 진행될수록 아이들은

- 다음 차례에 무엇이 올 것인지 파악하고 있었고
- 태도는 진지하게 집중하였으며,
- 마지막 글자를 배울 때는 아이들이 알아서 진행 할 수 있었고
- 수업을 통해 읽기와 통 글자를 배우면서 단어 이해를 돕고자 하였다.

▸ 새로운 습관을 기를 수 있기에 첫 단어 배움에 시간할애를 많이 하였다.

교사의 역할은 최소화하도록 하여 어느 정도 경계선을 정해 주면 아이들이 주도하여 수업이 진행되도록 용기와 격려에 주력하였다.

(3) 니은 디근 티귿 리을 기역 과정 반복한다.

(4) 미음 비읍 피읖 기역 과정 반복한다.

(5) 시옷 지읒 치읓 기역 과정 반복한다.

(6) 이응 히읗 기역 과정 반복한다.

4 아이들과 함께

기역	시옷	이응	시옷	이응
가방	산	옹달샘	수리 수리 마수리 산	졸 졸 옹달샘
가지	사슴	양말	뾰족 뾰족 사슴	알록달록 양말
고구마	사자	아이	성큼성큼 사자	재잘 재잘 아이
감자	사진기	양	찰칵 찰칵 사진기	매 앰 양
고양이	스케이트	양파	쌩쌩 스케이트	데굴데굴양파
강아지	사과	악어	주렁 주렁 사과	엉금엉금 악어
거미	수박	오이	통통 통통 수박	아삭아삭 오이
귤	손수레		영차 영차 손수레	
고사리	수수께끼		뽀송뽀송 수건	
가위			알쏭 달쏭 수수께끼	

(1) 아이들 작품

ㄱ, ㅋ 그림

ㄱ, ㅋ 그림

ㄴ, ㄷ, ㅌ, ㄹ 그림

ㄴ,ㄷ,ㅌ,ㄹ 그림

ㅁ, ㅂ, ㅍ 그림

ㅊ 찾기 그림

글자 만들어 보기

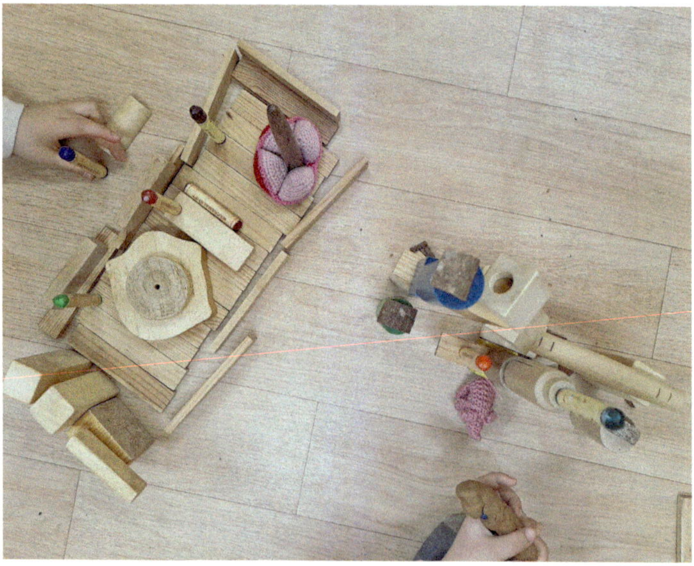

글자 만들어서 놀이하기

5 모음 실제

22년, 23년 한글 수업은 모음부터 시작하였다.

모음 수업은 수업에 들어가기 전 유아들 사고의 유연성을 돕기 위한 움직임 활동으로 도움 수업을 함께 시도하였다.

(1) 사고의 유연성을 돕는 움직임

(2) 이야기 나누며 이미지 떠오르기

(3) 기억하는 단어 찾아 적어보기

(4) 단어들을 연결하여 이야기 만들고 그림 그리기

(5) 배운 단어 적어보기

6 수업활동 기본 정리하기

(1) 움직임 활동을 한다.

(2) 글자에 해당하는 그림을 그린다.

(3) 그림 위에 글자를 써 본다

(4) 한글자만 쓴다.

(5) 아는 단어로 이미지를 떠올리며 언어로 표현한다.

(6) 단어를 가지고 말놀이와 이야기 등을 만들어 논다.

(7) 창의적인 다양한 활동으로 자음, 모음을 끝까지 수행한다.

7 모음 라이겐 소개

모음 라이겐 소개

옛날 옛날 아주 오랜 옛날 온 세상이 캄캄하였습니다.

아무도 살고 있지 않았습니다.

햇님도 달님도 별님도 나무도 꽃도 동물도 사람도 땅도 없는 세상이었습니다.

그 어디선가 빛들이 생겨 나와 사방팔방으로 흩어졌습니다.

사방을 지키는 수호신들이 그 빛을 가지고 있었습니다.

가운데 신을 중심으로 왼쪽에 청룡(푸른 용)

위에는 주작이(빨간 주작)

오른쪽는 백호가(하얀 호랑이)

아래에는 현무가(검은 거북이 계통)
그들은 빛을 가지고 가운데로 모이기 시작했습니다.

그 빛들이 모여서 힘차게 힘차게 힘차게 빛을 내었습니다.
빛의 소리를 ('오' 입모양으로) 아래아 '아' 라고 합니다.

가운데로 모인 빛들은 힘찬 빛이 되었습니다.
모여 있는 빛들에게 바람이 불어왔습니다.
바람이 불어오자 모인 빛들은 바람 따라 춤을 추며 날아다닙니다.
가벼운 빛은 위로 올라가 하늘이 되었고
무거운 빛은 아래로 내려가 땅이 되었습니다.
땅 울림의 소리는 'ㅡ' 라고 합니다.

가벼운 빛은 위로 올라가 하늘이 되었고
무거운 빛은 아래로 내려가 땅이 되었습니다.
하늘과 땅사이에 온갖 생명들이 태어났습니다.
온갖 생명의 소리를 'ㅣ' 라고 합니다.

그들이 어울려서 오 아 우 어
요 야 유 여

V

한글아, 옛날에 이랬단다.

처음 한글을 만났을 때 이론 정립은 다음과 같다.

01 교사를 위한 훈민정음 해례본 이론

1 한글 모음 이론적 배경

- ・ 아래아는 하늘을 본 뜬 것으로 처음 생긴 것이다.
- ㅗ, ㅏ, ㅜ, ㅓ 는 하늘과 땅에서 비롯되어 처음 생긴 것이다.
- 초출 ㅛ, ㅑ, ㅠ, ㅕ ㅣ에서 일어나 두번째로 생긴 것이다.
- 재출 ㅗ 는 하늘에서 먼저 생겼는데 천수 1은 물을 낳는 자리이다.
- ㅏ 는 그 다음으로, 천수 3은 나무 낳는 자리이다.
- ㅜ 는 땅에서 처음 생겼다. 지수 2는 불을 낳는 자리이다.
- ㅓ 는 그 다음으로 지수 4는 쇠를 낳는 자리이다.
- ・ 아래아는 천수 5 흙을 낳는 자리이다.
- ㅡ 는 지수 10 흙을 성숙시키는 자리이다.

ㅣ에만 혼자 자릿수가 없음.

또한, 물과 불은 음과 양이 서로 어우르는 시초이니 오므라진다(원순모음).

나무와 쇠는 음양이 고정된 바탕이니 펴진다(평순모음).

모음의 기본자인 아래아, ㅡ, ㅣ는 천지인 외에 자축인, 수토목 등 여러 개념이 연결되어 있다.

2 오행에 수를 적용했을 때

안쪽 원을 생수, 바깥 원을 성수라고 표현한다.

- 생수는 초출 ㅗ, ㅏ, ㅜ, ㅓ를 뜻한다.
- 성수는 재출 ㅛ, ㅑ, ㅠ, ㅕ를 뜻한다.

초출 시엔 수, 재출 시엔 화를 출발점으로 사계절을 따라 붙인 순서이다.

초출과 재출이 출발점을 달리하는 이유는 양인 생수는 수에서 시작, 음인 성수는 화에서 시작했다.

3 자는 오행상 수인데, 여기서 하늘이 열렸다고 한다.

- 축은 오행상 토이니, 땅이 열렸다고 표현할 수 있다.
- 인은 오행상 목으로 사람이 생겼다고 이해할 수 있다.

즉, 하늘이 열렸다는 동짓날을 뜻한다. 동지를 기준으로 최대치였던 밤 길이가 줄어들기 시작하기 때문이다. 극음에서 양 기운이 자라나는 기준점을 의미한다. 일 년을 순환할 새로운 양 기운이 발생했다는 뜻으로 목은 모든 생명 운동을 가리킨다. 수많은 생명 운동 중에 인간이 만물의 대표란 뜻을 함축하고 있는 것이다.

그러므로, 천지인을 단순히 하늘 - 땅 - 사람으로 보면 안 된다. 오히려 양 - 음 - 중이라는 보다 넓은 의미로 이해해야 한다.

02 모음 활동

1 시작하는 시

아득한 하늘, 끝없는 땅
뜨거운 해, 포근한 달
천지음양을 좇아 살아있는 모든 것에
하늘에서 퍼지는 빛
땅에서 들리는 울림
내 안으로 들어오는 하늘에서 내려온 글.

2 짤랑 짤랑 짤랑 짤랑 - 동적인 활동으로 몸을 깨우기

짤랑 짤랑 짤랑 짤랑 으쓱으쓱
짤랑 짤랑 짤랑 짤랑 으쓱으쓱
쭈욱 쭈욱 으쓱으쓱으쓱
쭈욱 쭈욱 으쓱으쓱
랄랄랄랄랄라 깡충깡충 깡충

랄랄랄랄랄랄랄라 깡충깡충 깡충
랄랄랄랄랄라 깡충깡충 깡충
랄랄랄라 깡충깡충 깡충
하늘보고 툭탁탁, 땅을 보고 통통통
하늘보고 툭탁툭탁툭탁 땅을 보고 통통통
떼구르르 구르고 벌떡 일어서 떼구르르 구르고
벌떡 일어서 훨훨 나르고 훨훨 나르고 훨훨

3 걷기

고요한 땅 위에 한 발씩 내딛어 앞으로 앞으로 걸어봐요.
어깨를 펴고 고개를 들어 내 앞을 바라 보세요.
천천히 걸어봐요.

4 주제수업

(1) · 아래아 활동

옛날 옛날 아주 오랜 옛날 온 세상이 캄캄하였습니다.

아무도 살고 있지 않았습니다.

햇님도 달님도 별님도 나무도 꽃도 동물도 사람도 땅도 없는 세상이었습니다.

그 어디선가 빛들이 생겨나와 사방팔방으로 흩어졌습니다.

사방을 지키는 수호신들이 그 빛을 가지고 있었습니다.

가운데 신을 중심으로 왼쪽에 청룡(푸른 용)

위에는 주작이(빨간 주작)

오른쪽는 백호가(하얀 호랑이)

아래에는 현무가(검은 거북이)

그들은 빛을 가지고 가운데로 모이기 시작했습니다.

노래 : 작은별 멜로디

> 모여 모여 모이세 가운데로 모이세
> 모여 모여 모여든 수호신인 사방신
> 모여 모여 모여서 환한 빛을 비추세

그 빛들이 모여서 힘차게 힘차게 힘차게 빛을 내었습니다.
빛의 소리를 ('오' 입모양으로) 아래아 '아' 라고 합니다.

5 음률 동시

처음 열리는 빛, 새롭게 맞이하는 빛
그것은 하늘입니다.
환히 빛나고 환히 빛나고 환히 빛나고
빛이 내 안으로 들어와 빛나는 하늘이 되고
나는 하늘을 품은 작은 우주가 됩니다.
하늘은 내 안으로 들어와 나는 빛이 되었습니다.

6 'ㅡ' 활동

가운데로 모인 빛들은 힘찬 빛이 되었습니다.
모여 있는 빛들에게 바람이 불어왔습니다.
바람이 불어오자 모인 빛들은 바람 따라 춤을 추며 날아다닙니다.
가벼운 빛은 위로 올라가 하늘이 되었고,

무거운 빛은 아래로 내려가 땅이 되었습니다.
땅 울림의 소리는 'ㅡ' 라고 합니다.

노래 :

바람아 불어라 춤을 추게 불어라
빛들 중에 가벼운 빛 위로 위로오르고
빛들 중에 무건 빛 아래 아래 내려 오네
바람아 불어라 춤을 추게 불어라

7 음률 동시

아래로 내려와 고요하게 모여든 빛
그것은 땅입니다.
발을 디디고 발을 디디고 발을 디디고,
빛이 내 안으로 들어와 단단한 땅이 되고,
나는 땅을 품은 작은 우주가 됩니다.
땅이 내 안으로 들어와 나는 빛이 되었습니다.

8 'ㅣ' 활동

가벼운 빛은 위로 올라가 하늘이 되었고
무거운 빛은 아래로 내려가 땅이 되었습니다.
하늘과 땅사이에 온갖 생명들이 태어났습니다.
온갖 생명의 소리를 'ㅣ' 라고 합니다.

노래 :

오 예쁜 작은 새 위로 날아서 햇님 데려 오너라
오 사랑스런 작은새
오 예쁜 작은 새 아래로 날아서 땅에 입맞춤 하거라
오 사랑스런 작은새
오 예쁜 작은 새 하늘과 땅 사이로 날아서
온갖 생명 만나서 인사하고 오너라
오 예쁜 작은새.

9 총정리

나는 머리에서 발 끝까지 빛나는 하늘입니다.

나는 가슴에서 손 끝까지 단단한 땅입니다.

나는 하늘과 땅을 품고 곧게 서 있습니다.

하늘과 땅은 내 안에서 하나가 됩니다. (태극 모양 그리며 가슴으로 모은다.)

그리고 온 세상은 저마다 이름을 갖게 되었답니다.

빛나는 하늘 – "•"

단단한 땅 – "ㅡ"

살아있는 모든 생명 – "ㅣ"

라고 합니다.

그들은 어울려서 하나가 되고 그들은 어울려서 친구가 되고

모두 모두 모여 재미난 노래를 불러봅니다.

오름산에 올라 오오오

아침 햇살 받으며 아아아

우렁차게 우르르르 우우우

서로 서로 어울려서 어어어

오 아 우 어 모두 모두 사이좋게 살았습니다.

10 마치는 시

배움을 마치며

하나, 오늘 공부를 마치겠습니다.
우리가 배운 것은 지혜가 되고
사랑이 되고 힘이 될 것입니다.

둘, 나는 의지를 일깨우며 배움을 실천합니다.
나는 진리를 추구하며 빛을 향해 나아갑니다.
나는 세상에 발을 딛고 나는 내가 됩니다.

마침 시는 위의 둘 중 하나 또는 다른 것으로 교사가 결정할 수 있다.

03 교사를 위한 자음 훈민정음 해례본 이론

1 한글 자음 이론적 배경

제자원리에 제자원리에 보면 하나의 음양오행의 의미 외에 다른 의미도 있다.

성리학에서 ㅡ 은 태극이자 오행의 '수', 태극 - 음양 - 삼재 - 사상 - 오행이라는 성리학적 개념으로 1 - 2 - 3 - 4 - 5를 뜻한다.

이는 성리학 인식 틀 기본 구조로써, 태극은 모든 것의 기원(하늘), 모든 것의 출발점이자 끝을 의미한다. 〈참조 : 태극도설〉

자음은 '오행의 상생' 으로 순서는 목 - 화 - 토 - 금 - 수에 기초한다.

이는 간지(천간지지) 중 천간(하늘의 기운. 출발이 목이고 상생 순서다. 목화토금수에 이르는 대기의 상태)의 순서. 지지(땅의 기운. 동짓 날이 있는 수에서 시작해서 자축인묘진사오미신유술해(수목화금 / 토)로 이어지는 대지의 상태 변화)

각상기형이제지(그 모양을 본 따 만들었다고 해석되어 있다.) 성리학적 음양오행은 상(기미, 징조. 약한 패턴)으로도, 형(틀을 갖추고 현상한것. 뚜렷한 패턴. 반드시 시각적인 것만은 아니고 리듬, 박자,

운율 등 질서가 있는 것들도 의미)으로도 나타난다. 상과 형은 천지나 음양처럼 대조를 이루는 개념 낱말이다. 28자는 각각 음소가 음양오행의 틀을 본뜬 것을 의미한다. 지금까지의 통설적 해석은 발음기관 모양을 본떴다고 하지만 이는 성리학 개념을 가지고 있는 관용적 쓰임새를 무시한 해석이기도 하고 모음은 이 해석에 맞지 않는다.

자음은 아설순치후의 기본자 ㄱ, ㄴ, ㅁ, ㅅ, ㅇ 과 그로부터 획을 더한 1가획자, 2가획자 및 꼭지 이응과 반치음으로 구성되어 있다. 자음의 오행배치를 보면 꼭지 이응이 있는데, 이는 발생순서상 기본자이다. 그러나 후음과 소리가 잘 구별되지 않아 비실용적이라 안 쓰게 되었다. 발생원리 상으로는 꼭지 이응, ㄱ, ㅋ 인데, 실용적으로는 ㄱ, ㅋ, ㄲ 로 사용한다.

목구멍은 수, 어금니는 목, 혀는 화, 이는 금, 입술은 토에 해당된다.

- 수 : 아무 노력 없이 낼 수 있는 소리.
- 목 : 구불구불하며 앞으로 나감.
- 화 : 구르다, 활발하다, 뜬다, 날린다.
- 금 : 솟다, 단단하다, 막히다, 좁다, 작다, 저장, 다시 뚫다, 처음, 느리다.
- 토 : 품다, 펼치다, 때려뭉치다, 머금다, 매듭짓다.

물은 모든 생명의 근원이며, 불은 모든 생물을 이루는 데 쓰인다. 그래서 물과 불이 가장 중요하다. 목구멍은 소리를 내는 문이요, 혀는 소리를 구별하는 기관이므로 후음과 설음이 주가 된다.

4상(화, 수, 목, 금)은 겉으로 나타난 현상을 뜻한다. 자연을 4상으로 표현할 때 토를 분리한다. 토는 보이지 않는 곳에 숨어 동력원의 역할(숨어 또는 각 방위에 스며듦)을 하기 때문이다. 일반적인 자연 계절의 성질과도 부합한다고 말하고 있다. 소리와 글자의 성질을 자연에 기초에 설명하고 있는 것이다.

이런 기운의 발생순서로 정렬하면 수화목금토가 된다.

음소의 3단계 변화는 오행으로 만물을 설명할 때 분화의 방식은 1 → 3으로 진행된다. 즉, 1수 태극(응축되어 있으며, 움직이기 위해 열기가 필요) → 2화 열기를 받아 → 3목으로 분화 → 4분화된 사물이 수축 → 5 모든 과정이 종합되는 과정을 거쳐 새로운 1단계로 이동한다. 이렇게 3분화된 3재는 추상적으로는 '천지인', 성질에 따라 '본중말' 또는 '생왕고'로도 표현된다. 처음 생기는 기운을 '천'이라고 하고, 이에 환경적으로 반응한 '지'가 어우러지면 '인'이 되는 것이다. 이렇게 오행의 3분화를 '삼오분기'라고 하며, 각 과정에는 특유의 성질을 설명하는 개념이 붙어 있다. 따라서, 5 × 3 + 2(이체자) = 17 자 자음이 완성된다.

꼭지 이응 : 싹텄다.

ㄱ → 자랐다.

ㅋ → 많이 자란다.

ㄴ → 올라간다.

ㄷ → 열기가 더해진다. 뜨겁다.

ㅌ(ㄹ) → 힘이 더 세진다. (반복)

ㅁ → 뭉치다. 머금다.

ㅂ → 위로 퍼진다.

ㅍ → 옆으로 퍼트린다.

ㅅ(반치음) → 단단하다. 강하다. (초기 굳음)

ㅈ → 한 번 더 억압. 작다. 압박된다.

ㅊ → 열기. 막 시작한다.

처음으로 추워진다. 조심스러운 움직임.

ㅇ → 압축원형. 음태극.

ㅇ → 더 압축된다.

ㅎ → 뚫고 올라온다. 양태극.

04 자음 활동

1 시작하는 시

아득한 하늘 끝없는 땅
뜨거운 해 포근한 달
천지음양을 좇아 살아있는 모든 것에
하늘에서 퍼지는 빛
땅에서 들리는 울림
내 안으로 들어오는 하늘에서 내려온 글

2 신체 움직이기 율동

통통통 높이 뛰다가 살살 동그랗게 걷다가
데굴데굴 데굴데굴 구르다가 점점점점 아래로
살금살금 걸어가다가 엉금엉금 엉금
떼굴떼굴 떼굴떼굴 발구르다가 일어서

3 걷기 활동

고요한 땅 위에 한 발씩 내딛어 앞으로 앞으로 걸어봐요.
어깨를 펴고 고개를 들어 앞을 바라보세요 천천히 걸어봐요.

4 실제

고요한 땅위에 한 발씩 내딛어 앞으로 앞으로 걸어봐요.
어깨를 펴고 고개를 들어 앞을 바라보세요 천천히 걸어봐요.

ㄱ, ㅋ : 구부러짐, 곡선, 꺾음, 어떤 것의 경계를 지음, 추진력, 운동

(1) 이야기로 만나기

땅 속에 씨앗을 심었어요. 씨앗이 잠들었어요.
잠을 자요 잠을 자요 웅크리고 잠을 자요
햇님이 찾아왔어요.

기웃 기웃 고개 드는 새싹
기웃 기웃 가느다란 가지
나는 나는 키다리 키 큰 나무

(2) 이야기를 몸으로 표현하기

① ㄱ

땅 속에 씨앗을 심었어요. 씨앗이 잠들었어요.
잠을 자요 잠을 자요 웅크리고 잠을 자요 (· 꼭지이응 - 웅소 리내기).
햇님이 찾아왔어요.
기웃 기웃 고개 드는 새싹 (검지 손가락 꺾어 기역자를 만들며 그그그 기역 - 작은 ㄱ).
기웃 기웃 가느다란 가지 (손목 꺾어 ㄱ자 만드는 모습 - 큰ㄱ)

② ㅋ

나는 키다리 가지
나는 나는 키큰 나무 - ㅋ

(3) 그림으로 만나기(형상화) 모방하기

① 선생님이 들려준 이야기를 그림으로 그려보기.
② 선생님이 그린 그림을 그대로 따라 그려보기.

(4) 그린 그림에서 글자 찾아보기

① 선생님 이야기에서 글자가 보이네

② 기역을 찾아보기.

(5) 소리 관찰하기

① 그 소리는 우리 입안 어디에서 날까?

② 그, 그, 그, 기역 이라고 읽기로 약속했단다.

③ 같이 소리 내어 보기.

(6) 몸으로 익히기

① ㄱ, ㅋ

② 몸으로 만들어 볼 때 둘이서 혼자서도 해 볼까?

③ 주변에서 찾아보기.

④ 날팽이끈 위에서 걸어보기.

(7) 쓰기

① 손가락으로 써 보기.

② 책상 위에 써 보기.

③ 획순 알려주기.

(8) 가정에서 지도하기 1

① ㄱ이 들어가는 단어 찾아오기.

② ㄱ이 들어가는 단어 찾아 그림으로 그려오기.

③ 사물의 모습에 ㄱ의 모습을 찾아 그림으로 그려보기.

(9) 가정에서 지도하기 2

① 오늘같이 확인해 본 것처럼 쑥쑥 자라는 모습이 보이는지

② ㄱ의 뜻을 가지고 있는지를 생각한 단어를 가지고 그림 그려오기

③ 자연적인 모습의 자라나는 행위가 들어있는 의미의 단어들 써보기 (예 : 기린, 가지, 구름)

(10) 말놀이

ㄱ : 구리구리 개구리
굴속사는 개구리
굴속사는 곰돌이
잠을깨는 곰돌이

(11) 모둠활동으로 이야기 만들기

아이들이 개구리, 기린, 고구마, 가지, 거미, 고추, 거미줄, 가

시나무 (단어 나열함).

개구리 : 개굴개굴 개구리가 연못에 살고 있었습니다.

기린 : 기린이 다가왔습니다.
"나랑 같이 놀자" 기린이 말했습니다.
"그래" 개구리가 말했습니다.
개구리와 기린은 같이 놀았습니다.

고구마 : 키가 큰 기린은 고구마를 보았습니다.

가지 : 가까이 가 보니 그것은 가지였습니다.
기린은 가지를 먹을 수 있지만 개구리는 먹지 못했습니다.
기린이 가지를 먹는 동안 개구리는 기웃기웃 주변을 둘러보았습니다.

거미, 고추, 거미줄 : 고추밭에 거미가 거미줄을 치고 있는 것을 보았습니다.

가시나무 : 그 옆에는 가시나무가 서 있었습니다.
기린과 개구리는 그 곳에서 재미있게 놀았습니다.

ㅋ 관련 단어 : 코끼리, 커졌다, 콩나물, 키다리

ㄴ, ㄷ, ㅌ, ㄹ : 활동이 가장 많은 양(陽 – 밝다 양지), 내면 정신

(1) ㄴ 이야기로 만나기

옛날옛날에 커다란 숲속 나라에 나비 여럿이 무리지어 함께 살고 있었어요.

빛나는 날개를 가진 나비, 노랑나비, 무지개나비, 배추흰나비, 호랑나비 그 중에서 춤추기를 좋아한 노랑나비는 나풀나풀 날아다니며, 이곳 저곳으로 가 꽃향기, 풀향기 맡으며 날아다녔지요. 어느 날 노랑나비는 하늘 위로 높이 날아가 보고 싶었어요.

노랑나비는 친구들 무리에서 떨어져 힘차게 날개짓하며 날기 시작하여 낮에는 너무 뜨거워 힘차게 날아가는 것이 힘들고 어려웠지만 랄랄라 랄랄라 노래를 불러 힘이 나 힘차게 날았어요.

(2) 이야기를 몸으로 표현하기

ㄴ : 나풀나풀 노랑나비
하늘높이 날아라

(3) 그림으로 만나기(형상화) 모방하기

① 선생님이 들려준 이야기 중 어떤 것들이 기억나니?

② 이야기를 듣고 마음 기억에 남는 장면을 그림으로 그려보기.

(4) 그린 그림에서 글자 찾아보기

① 선생님 이야기에서 글자가 보이네

② 니은을 찾아보기.

(5) 소리 관찰하기

① 느 소리는 우리 입안 어디에서 날까?

② 느, 느, 느, 니은 이라고 읽기로 약속했단다. 소리 내어 보기.

(6) 몸으로 익히기

① ㄴ

② 몸으로 만들어 볼 때 둘이서 혼자서도 해 볼까?

③ 니은을 주변에서 찾아보기.

④ 니은 달팽이 끈 위에서 걸어보기.

(7) 쓰기

① 손가락으로 써보기.

② 책상 위에 써보기. 니은 니은

③ 획순 알려주기.

(8) 가정에서 지도하기 1

① ㄴ이 들어가는 단어 찾아오기.

② ㄴ이 들어가는 단어 찾아 그림으로 그려오기.

③ 사물의 모습에 ㄴ의 모습을 찾아 그림으로 그려보기.

(9) 가정에서 지도하기 2

① ㄴ으로 시작하는 단어 찾아 몸 움직임과 이야기 만들어 보기.

▌ㄷ, ㅌ, ㄹ 이야기로 만나기

노랑나비는 캄캄한 밤 은은하게 비춰주는 빛을 따라 하늘로 올라가자 하늘 위로 곧게 뻗어 있는 대나무를 만났습니다.

잠시 쉬어 가고자 대나무 틈에 자란 줄기에 앉았고 단단하고 곧게 하늘 위로 뻗은 대나무는 참 멋졌습니다.

(1) 이야기로 만나기

나풀나풀 노랑나비
날아올라 하늘높이
하늘높이 곧게뻗은

키큰나무 대나무까지
나풀나풀 노랑나비
어디앉아 쉬어갈까
틈에자란 나무줄기
랄랄라 랄랄라
노랑나비 맞이하네

(2) 그림으로 만나기(형상화) - 따라 그리기

① 선생님이 해 준 이야기 중에 마음기억에 남는 내용이 있나요?

② 이야기를 듣고 마음기억에 남는 장면을 그림으로 그려보기.

(3) 그림에서 글자 찾아보기

① ㄷ / ㅌ / ㄹ

(4) 소리 관찰하기

(5) 몸으로 익히기

(6) 낱말 / 문장 만들기

(7) 쓰기

① 손가락으로 써보기.

② 책상 위에 써보기. (디귿 티읕 리을)

③ 획순 알려주기.

(8) 가정에서 지도하기 1

① ㄷ / ㅌ / ㄹ이 들어가는 단어 찾아 그림 그려오기.

(9) 가정에서 지도한 것 확인하기

① ㄷ / ㅌ / ㄹ이 들어가는 단어 찾아내어 이야기 만들고, 몸으로 표현하기.

(10) 관련 단어 찾기

① ㄹ : 구름, 리본, 스르르, 넘실넘실, 룰루랄라,

ㅁ : 합하고 모으고 이룸, 뭉침.

(1) 이야기로 만나기

하늘여행에서 돌아온 노랑나비는 한 마을에 도착했습니다.

노랑나비는 어머니가 마루에 앉아 무를 썰고 계신 모습을 보았습니다.

목이 마른 노랑나비는 마당 멍석 위에 널려있는 매실에 맺힌 물방울을 마셨습니다. 그때

아이들이 대문을 열고 들어와 마당에 둥그렇게 모여 놀았습니다.

(2) 이야기를 몸으로 표현하기

마루위에 어머니는
무써느라 바쁘시고
멍석위에 매실들은
곱게곱게 익어가네
놀러나간 아이들은
뭐가그리 신났는지
대문열고 뛰어들어
마당에서 모여노네

(3) 그림으로 만나기 - 형상화

① 선생님이 해 준 이야기 중에 마음에 남는 내용이 있나요?

② 이야기를 듣고 마음기억에 남는 장면을 그림으로 그려보기.
(자유롭게 그리기)

③ 선생님 그린 그림 따라 그리기.

(4) 그림에서 글자 찾아보기

① 선생님이 이야기에서 글자가 보이니?

② 미음을 찾아보기.

(5) 소리 관찰하기

① 므 소리는 입안 어디에서 날까?

② 입술소리라고 한단다.

③ 므, 므, 므, 미음 이라고 읽기로 약속하고 소리 내어 보기.

(6) 몸으로 익히기

① ㅁ 발음하기.

② 혼자서 또는 둘이 함께 몸으로 만들어 보기.

③ 주변에서 자연에서 찾아보기.

④ ㅁ 으로 만들어 놓은 달팽이 끈 위를 걸으며 발로 느껴보기.

(7) 쓰기

① 손가락으로 써 보기.

② 책상 위에 써 보기 (미음 미음 미음)

③ 획순 알려주기.

(8) 가정에서 지도하기 1

① ㅁ이 들어가는 단어 찾아 그림 그려오기.

(9) 가정에서 지도한 것 확인하기

(10) 관련 단어 찾기

① ㅁ : 무, 마루, 물방울, 매실, 마당

ㅂ

(1) 이야기로 만나기

아버지가 바지를 걷어 올리시고 대문으로 들어오셨습니다.

아버지가 보따리에서 배를 꺼내어 아이들에게 나누어 주셨습니다.

아이들은 크게 한 입 베어 물며 맛있게 먹습니다.

날이 어둑해지자 아버지는 볍씨에 불을 붙여 아궁이에 불을 지폈습니다.

(2) 이야기 몸으로 표현하기

바지걷어 대문열고
들어오신 아버지는
보따리안 배를꺼내
나누어 주시네
어둑어둑 밤이되자
마른볍씨 불을붙여
아궁이에 불지피네

(3) 그림으로 만나기-형상화

① 선생님이 해 준 이야기 중에 마음에 남아 있는 것이 있을까?

② 이야기를 듣고 마음기억에 남는 장면을 그림으로 그려 보자.
(자유롭게)

③ 선생님도 그렸는데 따라 그려보자. (따라 그리기)

(4) 그림에서 글자 찾기

① ㅂ

(5) 소리 관찰하기

① 어떤 소리가 날까? 소리 내어 보자.

② 므므므 미음 이라고 소리 내고 읽기로 약속했어.

(6) 몸으로 익히기

① ㅂ

② 몸으로 만들어 볼까? 혼자서 둘이서?

③ 주변에서 찾아 볼까?

④ 달팽이끈 위에서 걸어보자.

(7) 쓰기

① 손가락으로 ㅂ 써보기

② 책상위에 ㅂ쓰며 발음하기 : 비읍 비읍 비읍

③ 획순 알려주기. (두 가지 방법 존재함)

(8) 가정에서 지도하기 1

① ㅂ이 들어가는 단어 찾아 그림 그려오기.

(9) 가정에서 지도한 것 확인하기

(10) 관련 단어 찾아 보기

① ㅂ : 배, 보따리, 바지, 불, 벼

ㅍ

(1) 이야기로 만나기

어머니는 밥을 지으시고 아버지는 불을 지피십니다.
표 끊어 폭포 구경 가셨던 할머니도 돌아오셨습니다.
할머니 따라 마당에서 팽이치던 아이들도 방으로 들어옵니다.
할머니가 사 오신 퍼즐이 마냥 신기한지 밥 시간도 모르고 놉니다.

피시시시, 풍선바람 빠지는 소리 방귀소리 같습니다.

할머니 풀피리 소리 들으며 저녁이 깊어갑니다.

(2) 이야기 몸으로 표현하기

밥을 지어 불피우고
폭포 구경 표사오고
팽팽 도는 팽이 치고
풍선 소리 피시시시
풀 피리 소리 듣네

(3) 그림으로 만나기 - 형상화

① 선생님이 해 준 이야기 중에 마음에 남는 내용이 있어요?

② 이야기를 듣고 마음 기억 남는 장면을 그림으로 그려보기.
(자유롭게 그리기)

③ 선생님이 그려 본 그림을 따라 그려보기. (따라 그리기)

(4) 그림에서 글자 찾기

① 선생님이 이야기에서 글자를 찾았어요?

② 같이 피읖을 찾아보기.

(5) 소리 관찰하기

① 프 소리는 입안 어디에서 나올까?

② 입술소리

③ 프프프 피읖 이라고 읽기로 약속했단다. 소리 내어 보기.

(6) 몸으로 익히기

① ㅍ

② 몸으로 만들어 볼까? 혼자서 둘이서?

③ 주변에서 찾아 볼까?

④ 달팽이끈 위에서 걸어보기.

(7) 쓰기

① 손가락으로 ㅍ 써보기

② 책상 위에 ㅍ 쓰고 발음하기 : 피읖, 피읖, 피읖

③ 획순 알려주기.

(8) ㅍ이 들어가는 단어 찾아 그림 그려오기

(9) 숙제 확인하기

(10) 관련 단어 찾아보기

① ㅍ : 퍼즐, 피리, 풍선, 팽이, 폭포, 표

ㅅ : 강하다, 세다, 단난하다, 막힘, 굳음.

(1) 이야기로 만나기

날이 어둑해지자 나비도 쉴 곳을 찾아 다시 날아갔습니다.
마당에 솟대가 솟아 올라 있는 것을 보았습니다.

(2) 관련된 단어들 찾아보기

① ㅅ : 솟대, 새싹, 새, 산, 소나무

ㅈ : 강하다, 세다, 단단하다, 막힘, 굳음.

(1) 이야기로 만나기

솟대 위에는 작은 집이 있었습니다. 새집인가 봅니다.
집에는 지붕도 있었습니다.

(2) 관련된 단어들 찾아보기

① ㅈ : 집, 지붕, 자루, 자전거, 장갑

▌ㅊ : 강하다, 세다, 단단하다, 막힘, 굳음.

(1) 이야기로 만나기

지붕 위에는 고개를 꾸벅이며 졸고 있는 참새 한 마리가 있었습니다.

나비는 참새 곁에 앉아 포근히 잠이 들었습니다.

(2) 이야기 몸으로 표현하기

솟대 위 작은 새집
솟대 위 작은 지붕
참새 사는 작은 집

(3) 그림으로 만나기 - 형상화

① 선생님이 해 준 이야기 중에 마음에 남는 내용이 있을까?

② 이야기를 듣고 마음 기억 남는 것을 그림으로 그려보기. (자

유롭게 그리기)

③ 선생님이 그린 그림을 따라 그려보기. (따라 그리기)

(4) 그림에서 글자 찾기

① 선생님이 이야기에서 글자가 보이네

② 같이 시옷을 찾아보기. (ㅈ, ㅊ)

(5) 소리 관찰하기

① 스 소리는 입안 무엇이 움직이며 어디에서 날까?

② 잇소리, 스, 스, 스, 시옷 이라고 읽기로 약속했단다. (소리 내어 보기)

(6) 몸으로 익히기

① ㅅ(ㅈ, ㅊ)

② 혼자서 또는 둘이서 함께 글자를 만들어 보기.

③ 자연에서 찾아보기.

④ 달팽이 끈 위에서 걸어보기.

(7) 쓰기

① 손가락으로 ㅅ 써보기.

② 책상 위에 ㅅ 써보기. 시옷 시옷 시옷 (지읒, 치읓)

③ 획순 지도하기.

(8) 가정에서 지도하기 1

① ㅅ(ㅈ ㅊ)이 들어가는 단어 찾아 이야기 만들고 그림 그려오기.

(9) 가정에서 지도한 것 확인하기

(10) 관련된 단어들 찾아보기

① ㅊ : 촛불, 창문, 치마, 칫솔, 창고

▌ㅇ, ㅎ : 생명의 근원, 영원, 순환, 무의식

(1) ㅇ 이야기로 만나기

옛날 가난한 나무꾼이 살았습니다.

추운 겨울 아침 노루 한 마리가 다리를 절뚝이며 달려왔습니다.

절뚝이는 노루 다리에 화살이 박혀 있어 사냥꾼에게 쫓기는 것 같아 얼른

나뭇짐 속에 숨겨 주었습니다.

나무꾼이 다가와 화살 맞은 노루 한 마리 못 봤는지 물었고 나무꾼이 못 보았다고 이야기하니

사냥꾼은 그냥 가버렸습니다.

사냥꾼이 돌아 간 후 노루는 고맙다는 듯이 머리를 숙이며 돌아 가버리자 나무꾼이 걱정이 되어 따라 갔습니다.

사슴은 깊은 산 속 얼지 않은 조그만 옹달샘 있는 곳으로 다가갔고 그 물에 다리를 씻자 상처가 말끔히 나았습니다.

상처가 낫게 되사 노루는 어디론가 뛰어 가버렸습니다.

며칠 후 나무꾼도 나무를 하다 손이 다쳐고 옹달샘에 가서 손을 씻었더니 상처가 금새 아물었습니다.

(2) 이야기 몸으로 표현하기

샘솟는 옹달샘

상처 낫는 옹달샘

방울 방울 옹달샘

(3) 그림에서 글자 찾기

① 선생님 이야기에서 글자가 보이니?

② 같이 이응을 찾아보기. (ㅇ)

(4) 그림으로 만나기

① 선생님이 해 준 이야기 중에 마음에 남는 내용이 있을까?
② 이야기를 듣고 마음 기억에 남는 장면을 그림으로 그려 보기. (자유롭게 그리기)
③ 선생님이 그린 그림 그려보기. (따라 그리기)

(5) 소리 관찰하기

① ㅇ 소리는 입안 어디에서 날까?
② 으, 으, 으, 이응 이라고 읽기로 약속했단다. (같이 소리 내어 보기)

(6) 몸으로 익히기

① ㅇ
② 몸으로 만들어 볼까? 혼자서도 가능하고 둘이서도 가능하지?
③ 자연에서 찾아 볼까?
④ 달팽이 끈 위를 걸으면서 발로 느껴보기.

(7) 쓰기

① 손가락으로 써보기 이응 이응 발음하면서 써보기.

② 책상이나 바닥에 한 번 써보기.

③ 획순 알려주기.

(8) 가정에서 지도하기 1

① ㅇ이 들어가는 단어 이용하여 이야기 만들고 그림 그려오기.

(9) 관련된 단어들 찾아오기

① 아기, 우물, 오리, 우유, 오이, 옹달샘, 잉어

ㅎ

(1) 이야기로 만나기

숲 속을 걸어가다 호수를 만났습니다.

호숫가 주변으로 호롱호롱 산새들이 날아오고 하얀 해오라기도 날아다니며 토끼도 헐레벌떡 뛰어다녔습니다.

호수는 평온하고 화려하며 아름다웠습니다.

하지만 추운 겨울날 호수에는 찾아오는 친구들이 별로 없었습니다.

호수는 외톨이가 되었다고 생각했습니다.

호수는 조용하게 혼자 있었습니다.

나무들과 물고기들 소리가 들렸고 호수는 혼자가 아니라는 걸 알았습니다.

호수는 행복했습니다.

(2) 이야기 몸으로 표현하기

호롱호롱 산새
헐레벌떡 토끼
하하호호 친구
혼자아닌 호수

(3) 그림으로 만나고 글자 찾기

① 선생님이 해 준 이야기 중에 마음에 남는 내용이 있어?
② 이야기를 듣고 마음에 남는 장면을 그림으로 그려보기.
③ 그림에서 ㅎ 글자를 찾아볼까?
④ 선생님이 그려 본 그림을 따라 그려보기. (따라 그리기)

(4) 시로 만들어 보기

호롱호롱 산새
새하얀 해오라기

모두 떠난 호수
혼자 외로운 호수
아하 친구들이 있었지?
하하하 호호호
기분 좋은 호수

(5) 소리 관찰하기

① ㅎ 소리는 입안 어디에서 날까?

② 목구멍 소리... ᄒᆞ, ᄒᆞ, ᄒᆞ, 히읗 이라고 읽기로 약속했어.

③ 같이 소리 내어보기.

(6) 몸으로 익히기

① ㅎ

② 몸으로 혼자 만들어 보고 둘이서도 함께 만들어 볼까?

③ 주변에서, 자연에서 ㅎ을 찾아볼까?

④ 달팽이 끈 위에서 걸으면서 발에 느낌을 이야기 해보기.

(7) 쓰기

① 손가락으로 ㅎ 써보기.

② 책상이나 바닥에 ㅎ 써보기.

(8) 관련된 단어들 찾아오기

① 허수아비, 호수, 하마, 학, 호박, 호루라기

(9) 가정에서 지도하기 1

① ㅎ이 들어가는 단어 이용하여 이야기 만들고 그림 그려오기.

② 몸으로 표현해 보고 공책에 써보기.

모음 자음 배움 후 가정에서 지도

(1) 모음, 자음 공책에 쓰면서 복습하기

(2) 반복하여 소리 내며 써보기

(3) 자음과 모음을 조합하여 소리 내면서 써보기

(4) 책 읽기

능숙하지 않아도 더듬거리며 읽고 쓸 수 있다. (가정에서 반복 학습한다.)

마치면서

아이들과 생활한지 25년 되어가니 아이들을 보면 조화로운 아이들의 발날, 즉 건강한 몸, 마음 그리고 정신(사고)목표로 한 활동에서 아이들의 건강한 발달변화가 보여진다.

보여지는 것

- 몸의 분주한 움직임과 감각 활동
- 마음 풍부함의 섬세함과 예민한 감성활동
- 인지적 사고로 풍부한 지식

조화로운 몸, 마음 그리고 사고하기를 볼 수 있는 적합한 나이가 취학전 연령이다.

한글 수업을 통해 아이의 감각 활동과 섬세한 마음을 챙기고 생각하기로의 변화발전 되도록 도울 수 있어 적합하다.

한글수업내용으로 함께 하는 아이들의 성향파악을 위해

다음과 같은 수업구성을 고려하여 적절하게 구상한다.

- 몸놀이 수업
- 예술 수업
- 말하기 수업

단계적 사고하기

한글 수업할 때 아이 환경과 경험을 바탕으로 된 이야기로 이끌며 떠올릴 수 있는 단어에 집중하고 아이들의 추억 소환하여 이미지화하여 이야기를 구성한다.

경험과 추억에서 시작한 이미지는 새로운 사고하기 습관을 기르며, 즐겁고 재미나고 신명 나는 시간이 되도록 한다.

교사뿐만 아니라 아이들에게도 잠재되어 있는 무한한 가능성을 발견하여 교사, 아이 모두가 가지고 있는 내면에 존재하는 빛나는 황금돌을 발견할 수 있어야 한다.

수업을 하기 전과 마치고 나서 돌아보는 교사 태도는 사고의 유연성을 증진시켜 완벽한 결과 보다 과정을 즐기도록 한다.

아이들은 세상을 이해하고 받아들이는 과정에서 규칙과 법칙을 습득하여 반복적인 행동으로 자동적 행동이 생겨나게 되는데 이것을 습관화라고 한다.

이러한 습관이 왜곡된 시각이 되지 않도록 사고의 유연성을 증진시키고 풍부한 탐구력을 제대로 발현되도록 할 수 있을까? 어떻게 해야할 까? 를 고민한다.

5년 전 한글 교육 처음 시작할 때 시행착오도 많았지만 아이들과 부모님들의 이해와 협조로 많은 격려와 사랑을 받았다.

5년 동안 한글 교육 현장적용과 한글 관련 도서를 출판하며 그 책들에 담겨져 있는 내용들을 정리하였고 2022년-2023년 현장에서 만나는 아이들에게 맞춘 수업방법을 기록하였다.

활동 전 기억해야 할 것은 다음과 같다.

첫째, 조화로운 균형적 관찰 : 양극적인 균형에서 조화가 나온다.

둘째, 몸 움직임과 예술성을 동반 : 활기를 더하다

셋째, 재미있고 즐겁게 : 한글 수업이 딱딱하거나 또는 무질서가 되지 않는다.

1982년 독일 카셀(kassel) 발도르프 학교 부설 유치원에서 처음 발도르프 교육을 만났다. 타국에서 독일 아이들과의 만남은 낯설고 어색했다.

적응하는데 시간이 필요했지만 발도르프 교육기관의 편안하고 안정된 리듬생활로 익숙해졌다.

훗날 발도르프 기관의 리듬생활과 철학적 이론이 담겨

있음을 알았다.

인지학 이론을 배워 익히기 보다 현장에서 아이들을 만나 구체적이며 직접적으로 발도르프 교육을 몸으로 익혔다.

아이들이 있는 현장에 가면 직감적이며 무의식적으로 스쳐지나가는 것들이 읽혀지고 알아차리게 되어진다.

현장경험에서 오는 전문가적인 영역이다.

오늘날 발도르프 교육 관련하여 다양하고 많은 정보와 지식을 쉽게 접할 수 있다.

이에 현장교사들은

우리는 눈과 귀 그리고 전문가 답게 열려있어야 한다.

정보와 지식을 통한 앎에서 오는 습관화된 안이함은 변화를 시도하는 것은 소용없고 할 수 있는 것도 없다고 생각할 수 있다.

다른 이들이 결정한 대로 그냥 따라하게 된다.

지식은 누구나 또는 어디서나 얻을 수 있지만 지혜는 누구에게서 보다 스스로 힘으로 만들어야 한다. 깨어 있어야 한다.

한글에 담겨 있는 선조의 지혜를 깨닫고 아이들과 함께 한글 교육에 담아보길 바라며 온 마음으로 현장 교육을 행하고 지혜로운 교사가 되어 기쁨과 즐거운 유머가 가득한 하루 하루를 만들 수 있기를 희망한다.

성인이 되어 자신보다 약한 사람들을 업신여기며 인간 이하의 행동으로 이기적이고 기만적인 인간성이 상실된 사람 같지 않은 사람으로 성장하지 않게 교육하려면 유아 교육시기가 아주아주 중요하다.

그러한 성인을 만나더라도 알아보고 피해 갈 수 있도록 교육해야 한다.

인간다운 인간이란 집에서 함께 생활하는 사람들을 존중할 때 진정한 인간 냄새가 나며 가족들에게 존경받을 수 있다는 것을 경험으로 안다.

한글 수업할 때

활동성과 감각이 뛰어난 아이, 아는 것이 많은 아이, 풍부한 감수성과 상상력이 뛰어난 아이들의 도움을 많이 받았다. 활동성이 뛰어난 아이들이 점점 많아지고, 조기인지 교육하는 아이들고 쉽게 만나며, 과하게 예민한 아이들도 쉽게 접하게 된다.

다양한 성향의 아이들이 어울려 3 - 4년을 한 기관에서 함께 지내고 취학전 연령을 맞이하게 된다.

학교 가기 전

아이가 스스로 생각할 줄 알며 더 넓은 세상으로 나아갈 수 있도록 조율 가능하고 포괄적인 유아시기 교육이 필요하다.

취학전 연령 아이들은 논리적이고 단계별 사고가 가능하다.

단계별 사고하기, 아이들의 발달에 맞는 한글 만남은 자신의 건강한 몸과 따뜻한 영혼을 체험하여 건강하고 올바른 생각하기로 자리 매김 할 수 있다고 믿고 있다.

결론적으로

Ⅳ 한글아, 옛날에 이랬단다 편은 5년 전 처음 한글에 대한 연구로 많은 지식과 정보를 수집하여 현장 적용하기에 급급하여 조바심에 기관과 가정이 협력해야 함을 설득

하여 기관과 가정이 한마음이 되어 부모님 참여 또한 뜨거웠다. (부모님들의 협력은 놀라운 아이의 변화를 가져온다.)

지금은 현장에서 만나는 아이들에게 맞춘 한글 교육을 한다.

매년 안일함에서 벗어나 변화하는 현실과 독특해진 아이들의 개인성을 새롭게 깨닫게 해주기 때문이다.

어릴 때부터 함께 지낸 아이들의 발달 과정을 알고 있어 감각에서 감성으로 감성에서 사고로의 발달과정 파악이 가능하다.

각각 단원들을 독립된 자료로 이해하여 개인이나 기관의 필요에 의해 활용 가능하다.

발도르프 교육 방법론으로 유아들에게 맞는 한글 공부를 함께 나누고 싶다.

마지막으로

인생 막바지에 행복이란 무엇일까?

'가족'

부모 모두가 노력하여 맺은 결실일 것이다.

가족을 통하여 학부모들과 아이들을 이해하는데

더 깊어지고 넓어졌다.

나에게 산 교육으로 깨달음을 준

나의 가족과 신에게 받은 손주들,

그리고

가장 자유로운 영혼으로 평온한 심신에

감사드리며 글을 마친다.

사랑스런 손주들 미소를 보며 그들을 통해 다시 배우고 있다.

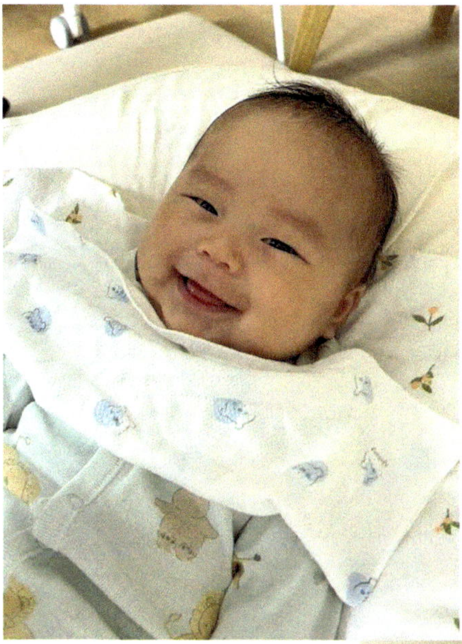

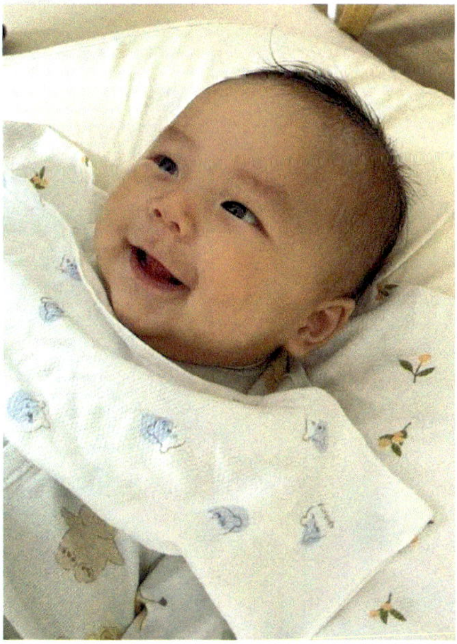

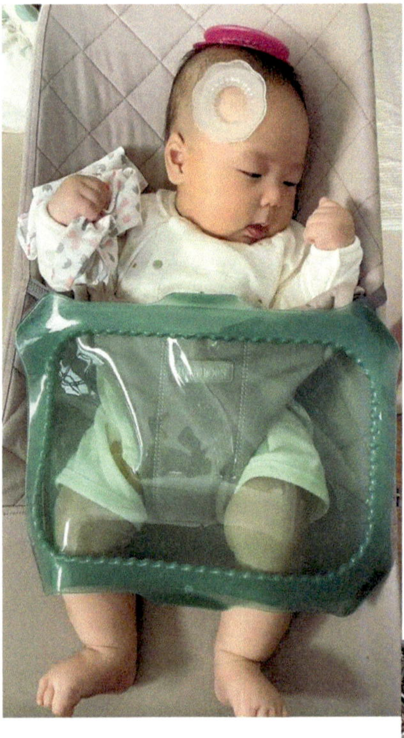

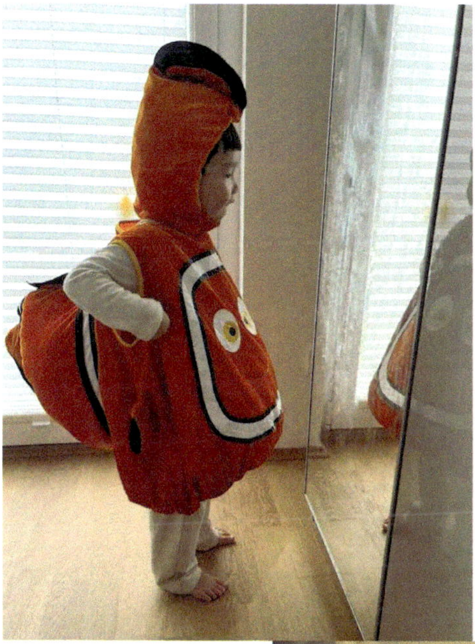

손주들에게 만들어 준 놀잇감

우리숲 어린이집

참고 문헌

* 이경랑(2011), 놀이와 놀잇감, 도서출판 신화전산기획
* 질 코넬, 셀릴 맥카시. 웬디 파리 지음 / 강정원 옮김(2018), 몸놀이가 아이 두뇌를 만든다.
* 이경랑외교사공동저(2019), 도담도담 모음집, 신화전산기획
* 이경랑(2022), 우리글 자연에서 만나기, 신화전산기획
* 최은아 외 공저(2023), 영유아프로그램 개발과 평가
* 위재호(2022), 소리씨앗을 심은 아이, 수신제
* 신시아 머피-랭(2021), 발도르프 유아 교사의 아동 관찰, 슈타이너 연구소
* 욥 에켄붐(2021), 오드리 맥앨런의 도움수업이해, 푸른씨앗
* 이태오(2015), 한글 6천년, 정신세계사
* 고종석(2013), 언문세설, 새움
* 박규혁(2017), 하늘에서 온 글, 수신제
* 욘게이 밍규르 린포체(2009), 티베트의 즐거운 지혜, 문학의 숲
* 욘게이 밍규르 린포체(2017), 번뇌를 지혜로 바꾸는 수행, 지영사
* 김명호(2005), 한글을 만든 원리, 학고재
* 질코넬.새릴 맥카시.웬디 피리(2018). 몸놀이가 아이 두뇌를 만든다. 길벗
* AnnaBammerlin(2015) DerSchriftspracherwerbanderWaldorfschule Methodenvielfalt im Schreib-und Leseunterricht, Diplomarbeit zur Erlangung des Diploms I

* Cornelia Fabricius(2005), Mit kindern Formen Zeichnen, Oratio
* Babette Heuer.Mascha Teske(2011), Die wunderbare Reisedurch die Welt der Buchstaben.
* Ernst Michael Kranich 외(2000), Formenzeichnen, Freies Geis tesleben.
* B.C.J.Lievegoed(1976), Entwicklungsphasendes Kindes, J.CH. Mellinger.
* Ernst Schuberth(2016), Das Formenzeichnen als taetige Germetrie in den Klassen 1 bis 4, Geistesleben.
* Erika Duehnfort, Ernnst MichaelKranich : Der Anfangsunterricht im Schreiben und Lesen. Geistesleben.
* Norbert Glas(1975), Gefaehrdung und Heilung der Sinne. Melinger
* Rudolf Steiner(1968), Allgemeine Menschenkunde, Rudolf Steiner Verlag, Dornach.
* Waldorfschule_landshut,wann wird das Kind schulrief?
* www.wladorf-idee-pool.de/Formsammelung/Gerade-Formen.
* Wolfgang Goebelll. MIchaela Gloeckler(2005).Kinder Sprechenstunde. Urachhaus.

저자 이경랑 약력

학력) 교육대학원 석사

경력) 독일 Kassel유치원 교사
자유 발도르프 어린이집 원장
자유 발도르프 미술학원 원장
독일 ㈜Heroal 부설 유치원 컨설턴트 교사
킨더슈트베 음악미술 놀이학원 교육원장
(사) 한국발도르프 교육협회 부설 유아교육기관 교육원장
강동대학교 유아교육과 외래교수

자격) 독일 유치원 정교사 자격증
한국 유치원 정교사
보육교사 1급
보육시설장
아동미술심리상담사
회복심리사 1급
사회복지사 2급
우리숲 어린이집 교육원장

한글아, 나랑 놀자

취학전 연령 유아들을 위한 발도르프 한글교육

인쇄 2024년 1월 3일 / **발행** 2024년 1월 8일

저자 이경랑 / **발행인** 임영철 / **발행처** 도서출판 신화전산기획
주소 서울시 중랑구 신내역로 111, B동 226호 / **등록번호** 301-2010-034
전화 02-833-5145~6 / **팩스** 02-848-2498 / **홈페이지** shmnb.com

정가 15,000원 ISBN 978-89-5534-276-5 03370